Leipziger Sagen

Leipziger Sagen

neu erzählt von
Jürgen Friedel

Impressum

Herausgeber und Redaktion: Jürgen Friedel
Gesamtgestaltung: Heike Schmidt-Duderstedt
Gesamtherstellung: System Print Medien GmbH, Leipzig
3. überarbeitete Ausgabe, Leipzig 2011

Unser Dank für freundliche Unterstützung und fachliche
Beratung gilt Druckermeister Werner Hauck aus Leipzig.

Gesetzt in der Garamond

ISBN 978-3-00-033957-8

Inhalt

Liebe Leser!

Ein Brunnen der Volkspoesie und der Heimatliebe sind neben den Märchen die Sagen.

Auch unser Leipzig, das vor 846 Jahren durch Markgraf Otto den Reichen von Meißen zur Stadt erhoben wurde, ist ein Ort, in dem sich scheinbar Wundersames zugetragen hat. Vieles ist sicher dem Wunschdenken und der Phantasie der Menschen damals zu danken, manches dem Unverständnis für natürliche Vorgänge, dieses dem Geheimnisvollen der klösterlichen Strenge und Abgeschiedenheit, jenes den Berichten weitgereister Kaufleute.

Alles aber ist an reale Orte oder Personen unserer Stadt gebunden und somit ein Teil von ihr, alles ist Erbe, das wir uns aneignen und kommenden Generationen bewahren müssen.

„Die jetzt weltbekannte und berühmte Universitäts-, Gewerb- und Handelsstadt Leipzig ist … einhelliger Aussage und gründlichem Beweis nach ungefähr im 700. Jahr nach Christi Geburt von den Sorben Wenden, einem slavonischen Volk, zu bauen angefangen und von ihnen zuerst bewohnet worden. Von welchen sie auch den Namen, anfangs Liebitz, dann Libanitz, nachgehends Lypzig oder Lipzk und eine Zeit hernach Leipzig, welches Wort in deutscher Sprache einen Linden-Platz oder Linden-Ort, weil zur selbigen Zeit um diese Gegend viel Linden-Bäume, welche die Wenden für heilig gehalten und darunter geopfert, sollen gestanden haben, überkommen", schreibt Johann Jacob Vogel 1714 über unser Herkommen.

An anderer Stelle: … Anno 724 oder … 728 soll der heilige Bonifacius, zuvor Wunifridus, den man insgemein den Thü-

ringer- Franken- und Hessen-Apostel nennet, da er dies-
und jenseits der Saale auf Geheiß des Papstes das Evange-
lium gepredigt und viel Heiden zum christlichen Glauben
bekehret, auch nach Leipzig kommen, den schändlichen
Abgott Flynz, welcher auf einem Flynssteine gestanden
und die Gestalt eines Totengerippes vorgestellet, mit einem
langen Mantel behangen, dessen rechte Hand einen Stab
mit einem Blas-Feuer gehalten und auf der linken Schulter
ein aufgerichteter Löwe sich gelehnet, vor dem Ranstädter
Tor auf dem Mühlgraben, dem Gasthof „Zur Laute" gegenüber, zerstöret und an dessen Stelle das Kirchlein zu St.
Jacob (heute Jacobstraße) samt dem Schotten-Gäßlein, an-
jetzo Naundorf genannt, an dem Ort, wo die Pleiße und
Elster zusammenfließen, gestiftet und gebauet haben."

Johann Jacob Vogel war Pfarrer zu Panitzsch. Im Vorwort
schreibt er unter anderem:
„Die Liebe zwinget mich,
Leipzig, zu ehren dich,"
Und weiter: „Das nahmhafte Leipzig ist ja eine weltbeliebte
und liebenswürdige Stadt. Viel Fremde und Ausländer, wor-
unter auch nicht wenig aus großen und berühmten Städten
gebürtig sein, vergessen ihr Vaterland, und lassen sich in
Leipzig häuslich nieder, denn sie wissen, daß diese Stadt vor
vielen anderen an Nahrung den Preis und Vorzug behalte".
Vogels Bekenntnis gipfelt in dem Spruch: „Liebe zur Ge-
burtsstadt macht, daß man Tod und Schmach nicht acht".
Ihm danken wir auch die Weitergabe dieser Sagen. Mögen
sie unser Leipzig noch liebenswerter machen!

*Neben Johann Gottlieb Vogels Annalen dienten als Quellen
der folgenden Auswahl Leipziger Sagen der „Sagenschatz
des Königreichs Sachsen" von Dr. J. G. Th. Gräße (Dresden
1874, Reprint Leipzig 1978) und „Leipziger Sagen" von Dr.
Paul Zinck (Leipzig 1924).
Es wurde versucht, die manchmal etwas schwerfällige Erzähl-
weise der Vergangenheit zu erleichtern. Möge sie dennoch
zum eigenen Fabulieren Anregung sein!*

Jürgen Friedel

Eine „Damenwahl" im Osterland

Bevor unser heutiges Sachsen Markgrafschaft wurde und nach
den Askaniern, die kinderlos blieben, von den Wettinern be-
herrscht wurde, lebten hier die Sorben und die Wenden, deren
Siedlungseifer wir die meisten Orte hier verdanken.
709 stirbt deren Regent ohne männlichen Erben...

Libussa, die jüngste seiner drei Töchter, ist ihren Schwestern
Tetcha und Kascha an Klugheit weit überlegen. Sie versteht
sich auch im Wahrsagen, Beschwörungen und manchen
Zaubereien.
So wird sie von den Obersten des Volkes in ihrem 25. Jahr
zur Herrscherin gewählt.
„Damit ihr seht, daß ihr recht gewählt habt, werde ich unser
Land mit Burgen befestigen, denn vom Westen droht uns
Gefahr. Eine der nächsten Befestigungen wird Liebitz an
der Pleiße sein."
Neid und Missgunst gediehen zunächst im Stillen aber bald
lauter.
Im Jahre 717 schließlich begehren die Obersten, nicht länger weiblichem Regiment unterliegen zu müssen, wollen einen regierenden Herren.
„Nun gut", sagte die kluge Libussa. „Damit niemand in un-
redlicher Weise die Macht an sich reißen kann, lasst mein
Leibroß wählen. Führt es aufs freie Feld und folgt ihm nach,
wohin es geht. Es wird vor einem Mann stehen bleiben, der
an einem eisernen Tische essen wird. Der soll mein Gemahl
und neuer Herrscher Böhmens sein."
Das Pferd lief los und blieb schließlich beim Dorfe Staditz
vor einem Ackersmann stehen, der seinen Pflug umgedreht
hatte und von der eisernen Pflugschar sein Brot und Käse
aß.

Przemyslaw, so hieß er, wurde nun an ihrer Seite Herrscher über Böhmen bis 771. Die kluge Libussa gebar ihm einen Sohn, den sie Nazamislaw nannten.

Man ist bei dieser Geschichte geneigt, der heute verbreiteten Weisheit, daß Frauen die besseren Diplomaten seien, eine weit zurückreichende Gültigkeit zuzugestehen.
Dem Nacherzähler fällt es sehr schwer, zu glauben, daß die kluge Libussa und ihr Leibroß den Przemislaw nicht gekannt haben und er nicht an diesen Ort bestellt war.
Oder war Libussa mit übersinnlichen Fähigkeiten hier am Werke – nach christlichem Verständnis also eine nicht zu bekehrende Ketzerin?

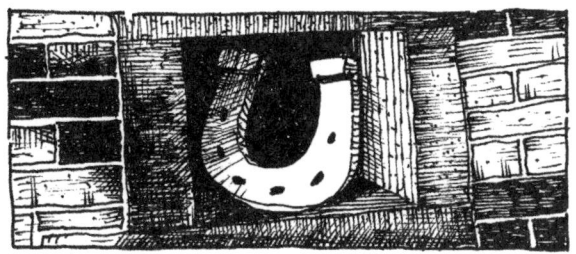

Das Hufeisen an der Nikolaikirche

Hinter schmiedeeisernem Gestänge findet der aufmerksame Betrachter an der Ostseite der Nikolaikirche (gegenüber dem Geschwister-Scholl-Haus) ein großes Hufeisen. Was hat's mit diesem Zeichen auf sich, das wandernde Handwerksburschen kennen mußten, wenn sie vorgaben, in Leipzig gewesen zu sein? Verschiedene Sagen winden sich um dieses Eisen, das ein „Riesenpferd" getragen haben muß. Sucht Euch die schönste aus!

Sankt Georgs Hilfe

Dort, wo Pleiße und Parthe früher zusammenflossen, lag einst in slawischer Zeit ein befestigtes Schloß. Ein alter Fürst mit seiner Tochter lebte da. Alles hätte friedlich sein können, wenn nicht ein gefräßiger Lindwurm die Gegend und die Menschen bedroht hätte. Täglich verlangte er zwei Schafe, dann Rinder und Pferde. Und als auch die aufgefressen waren, forderte er Menschen. Man loste jeden Tag einen aus, und schließlich fiel das Los auf die schöne Königstochter. Man führte sie dem Untier entgegen. Da ritt auf einem kräftigen Rosse ein stattlicher Ritter mit prächtiger Rüstung heran. Es war Sankt Georg selbst. Als er von der Not der Menschen hörte, bat er den Herrscher, den Kampf gegen das Untier wagen zu dürfen.

Da stürzte es schon aus dem Sumpfe hervor. Es bäumte sich auf, den Ritter zu vernichten, der sich ihm in den Weg gestellt hatte. Doch Sankt Georg stieß ihm die Lanze tief in die Seite. Vor Schmerzen brüllend wälzte sich der mächtige Lindwurm herum, schlug mit seinem furchtbaren Schwanz um sich. Der furchtlose Recke ritt um ihn herum, wollte den tödlichen Stoß führen. Da konnte sein Roß nicht weiter. Es hatte ein Hufeisen verloren und blutete am Huf. Da sprang er ab und schlitzte mit mächtigem Hieb seines Schwertes dem Ungeheuer den Bauch auf, so daß es elendiglich verendete.

Das Volk jubelte, und der Fürst versprach dem Ritter die Erfüllung jeder Bitte, und sollte es die Herrschaft sein. Doch der Ritter bat um nichts mehr als um ein neues Hufeisen für sein treues Pferd.

Zum dauernden Andenken nagelte man das alte Eisen auf Geheiß des Fürsten an eine alte Linde bei dem Kampfplatze. Als diese bei der Erbauung der Stadt Leipzig gefällt werden mußte, mauerte man das Hufeisen an der Wand der Nikolaikirche ein.

Die entführte Meisterstochter

Ein Leipziger Schmiedemeister führte eine gute Werkstatt. Wer bei ihm lernte, konnte sich im Lande sehen lassen, denn seine Gesellen waren Meister ihres Faches. Dieser Meister nun hatte eine hübsche Tochter, die schon als kleines Mädchen allen in der Schmiede ans Herz gewachsen war. Wie sie nun heranwuchs, konnte es gar nicht ausbleiben, daß sie den jungen Burschen den Kopf verdrehte. In einem Falle beruhte es auf Gegenseitigkeit. Die jungen Leute waren sich bald einig. Doch als das der Vater hinterbracht bekam, machte er kurzen Prozeß. Seine Tochter sollte doch nicht bloß einen Schmiedegesellen zum Manne nehmen. Da gab's in der Stadt viel bessere Partien. Und er kündigte seinem besten Gesellen das Handwerk. Schmerzlich muß der Abschied gewesen sein und schlimm die folgenden Monate. Die Meisterstochter war nicht zu trösten. Nur selten bekam sie Nachricht vom Geliebten, der im Altenburgischen Arbeit gefunden hatte.

Eines Abends, es dämmerte schon, machte sich ein Fuhrmann auffällig an seinem Geschirr zu schaffen. Sie ging zu ihm. Ohne seine Haltung zu ändern, raunte er ihr einen Gruß vom Geliebten zu, und sie solle bei Vollmond um Mitternacht im Garten bei der Stadtmauer sein. Sie wollte vor Freude laut aufschreien, wurde aber vom Fuhrmann zur Ruhe gemahnt, der sich dann gleich auf den Wagen schwang und abfuhr, ohne noch ein Wort zu sagen.

Die Tage wollten kaum vergehen. Endlich war es soweit. Das Mädchen ging rechtzeitig in seine Kammer und hoffte, daß bald alle zur Ruhe gehen würden. Kurz vor Mitternacht schlich sie auf leisen Sohlen aus dem Haus zum Garten. Da wartete schon der Geliebte. Fliehen wollte er mit ihr, und zwar sofort. Vorsichtig suchten sie den Weg zur Pforte. Da plötzlich gab's Aufsehen. Offenbar war die Flucht entdeckt. Was tun? Er schwang sich aufs Pferd, zog die Geliebte zu sich und gab dem Roß die Sporen. Es bäumte sich auf und ritt davon, der Stadtmauer zu. Der Reiter zwang das Pferd zu gewaltigem Sprung, den es auch schaffte. Es verlor dabei ein Hufeisen. Die Verfolger fanden's am anderen Morgen. Groß war allgemein das Staunen. Noch mehr erst dann, als bekannt wurde, was geschehen war. Der junge Mann ist ein angesehener Schmied geworden und der alte Meister soll ihm später verziehen haben.

Das Eisen aber blieb in Leipzig als Zeichen von Liebe und Treue.

Markgraf Diezmanns Tod

Im Jahre 1307 wurde im Mai die Schlacht bei Lucka geschlagen. Mit Hilfe des Herzogs Heinrich von Braunschweig besiegten Markgraf Friedrich und sein Bruder Diezmann das Heer des Albrecht von Österreich, der damals die deutsche Königskrone trug und das Erbrecht auf die sächsischen Lande beanspruchte. Die Stadt Pegau und ihr Abt hatten zu den Königlichen gehalten. Deshalb wurden Stadt und Kloster geplündert und in Brand gesteckt.

Danach war allenthalben Erleichterung, daß endlich Friede einkehrte ins Sachsenland. Aber es schwelte auch Feindschaft. Man schreibt den 24. Dezember 1307. Markgraf Diezmann reitet mit wenigen Hofleuten und Dienern durch die Stadt. An der Nikolaikirche scheut sein Pferd und schlägt mit dem Huf gegen die Kirchmauer, daß man den Abdruck drin sah. Man reitet weiter, um in die Thomaskirche der Augustiner zur Frühmesse zu kommen. Der Markgraf steigt vor der Kirchtür ab, geht in den Chor, um dort kniend sein Gebet zu verrichten. Ein Meuchelmörder hatte sich versteckt, fällt über den Betenden her und sticht mit dem Dolch auf ihn ein. „Gewalt! Gewalt!" kann der Markgraf mit brechender Stimme noch rufen. Die Diener eilen herbei zu helfen, bringen den schwer Getroffenen zur Burg. Der Mörder wird noch in der Kirche gestellt. Man verhört ihn aufs strengste, schleppt ihn zur Hinrichtungsstätte. Unterwegs wird er mit glühenden Zangen gerissen, doch es kommt kein Wort über seine Lippen, wer die Anstifter der Meucheltat sind. Man rädert ihn an Armen und Beinen und legt ihn lebendig aufs Rad, bis er sein Leben aushaucht. Die Leipziger waren sich sicher, daß Philipp von Nassau und der Probst von Pegau hinter dem Anschlag steckten.

Zur Erinnerung daran, daß das Pferd scheute, seinen Herrn zur Unglücksstätte zu bringen, befestigte man das Hufeisen an der Kirchmauer.

Eine Sage von Kurfürst Johann Friedrichs Eindringen in die Nikolaikirche 1547 ist unwahrscheinlich, da dieser unser Leipzig damals belagerte aber schließlich abziehen mußte, weil der Kaiser Karl V. mit Herzog Moritz und großem Kriegsvolk anrückte. In der Schlacht bei Cosdorf am 14. April auf der Lochauer Heide wurde Johann Friedrich von den Kaiserlichen gefangengenommen und war erst ab 1. September 1551 ohne Kurwürde wieder frei.

Wußtet Ihr das? Drei Sagen um ein Hufeisen! Leipzig war auch reich an Phantasie.

Die Heiligen-Brücke

Wenn wir von der Käthe-Kollwitz-Straße stadtauswärts rechts in die Moschelesstraße einbiegen, müssen wir die Elster überqueren, ehe wir zum Sport-Fakultäts-Komplex gelangen. Die Heiligen-Brücke ermöglicht es uns. Warum heißt sie so?

Ein Leipziger Kaufmannsehepaar des 14. Jahrhunderts war lange kinderlos geblieben. Man betete, hoffte und bat, wollte das ersehnte Kind sogar dem Kloster weihen. Schließlich kam das freudige Ereignis – Zwillinge. Maria und Katharina wurden sie genannt. Die Mutter verstarb bald darauf.
Die Schwestern wuchsen heran zu klugen, schönen und lebensfrohen Mädchen. Welches sollte der Vater, dem Versprechen seiner Frau folgend, ins Kloster geben? Er entschied sich für Maria, die ruhigere der beiden. Katharina aber schickte er nach Altenburg zu Verwandten. Zu sehr hätte sie ihn an die unglückliche Maria erinnert, die nun im Kloster der Georgennonnen leben mußte.
Nach 5 Jahren sahen sich die beiden Mädchen erstmals wieder. Da empfand Maria schmerzlich, was man ihr alles genommen hatte. Das Klosterleben kannte nicht mehr Spiel und Tanz, Fröhlichsein. Die strengen Regeln ließen nicht Raum für das Genießen der schönen Leipziger Auennatur. Dicht am Klostergarten entlang floß die Pleiße. Die Nonnenmühlgasse erinnert noch heute daran. Oft fuhr ein junger Bürgersohn mit seinem Kahn vorüber. Er sang dabei die schönen Lieder, die Maria mit ihrer Schwester so oft gern gesungen hatte. Bald entdeckte der junge Mann das einsame Mädchen, das ihm andächtig lauschte. Sie wechselten ein paar Worte miteinander, beim nächsten Mal ein paar mehr und so fort, immer in Gefahr, entdeckt zu werden, was für

Maria schwere Strafen zur Folge gehabt hätte. Als sie sich ihrer Liebe sicher waren, wurde der Entschluß gefaßt. Der junge Mann entführte seine Geliebte aus dem Kloster. Beim Turmwart des nahen Kuhturms brachte er sie heimlich unter. Was folgte? Größte Aufregung! Wenn das Schule machte! Eine größere Schande konnte einem Kloster gar nicht zugefügt werden. Die Äbtissin erbat die Hilfe des Propstes vom Thomaskloster, und man setzte alles in Bewegung, um die Entflohene zu finden und zu strafen.

Ein Zufall half. Etwa zur gleichen Zeit wie Maria aus dem Kloster war Katharina mit ihrem Geliebten aus Altenburg geflohen, um nicht einen Mann nehmen zu müssen, den ihr die Verwandten bestimmt hatten. Der so Verstoßene sann auf Rache. Er erfuhr von Marias Flucht, kundschaftete das Versteck Katharinas aus und teilte dem Probst des Thomasklosters mit, dort sei die entflohene Nonne Maria.

Man ergriff Katharina, schleppte sie vor den Probst und die Äbtissin. Hier erst erfuhr Katharina vom Schicksal der Schwester. Sie nahm alles auf sich und wurde auch nicht durchschaut, zu groß war die Ähnlichkeit der Zwillingsschwestern. Das Urteil, vom Zorn der Äbtissin diktiert, lautete: Todesstrafe. Wenige Tage später: In stiller Nacht bewegt sich ein gespenstischer Zug zum Klostertore hinaus über die Pleiße und die Wiesen hin zur Elster. Verschleierte Nonnen, gewappnete Klosterknechte führen in ihrer Mitte Katharina, der die Hände gefesselt sind. Auf der Elsterbrücke fesselt man ihr auch noch die Füße und beschwert sie mit einem Stein. Unter Verwünschungen und Gebeten stößt man die treue Schwester in den Fluß, lebend ins Grab. Trotz Heimlichkeit und Stille der nächtlichen Greueltat geht die Kunde davon bald um. Und auch Maria in ihrem Versteck im Kuhturm erfährt, was geschehen ist. Zerrissen ist ihr fortan das Glück der Liebe. Abend für Abend eilt sie zur Brücke und betet für die Schwester, die sich für sie geopfert hatte.

Das Leid nahm ihr immer mehr die Lebenskräfte, und eines Tages fand man sie tot bei der Brücke.

Nun wurde immer lauter über die Klosteruntat gezürnt, und die Schwesternliebe wurde gepriesen. Wie von Heiligen sprach man von Maria und Katharina. So war man bald gezwungen, beiden ein ehrbares Begräbnis zuzugestehen.

Wißt Ihr, was das ist? Nun durfte ihre letzte Ruhestätte auf dem Gottesacker, dem Friedhof sein, wo sonst Selbstmörder und „Gottlose" nicht geduldet wurden.

Spuk auf der Funkenburg

Dort, wo sich heute das Straßengeviert Leibnizstraße, Gustav-Adolf-Straße, Funkenburgstraße, Jahn-Allee befindet, gab es seit der Mitte des 18. Jahrhunderts ein Anwesen, das die „Funkenburg" genannt wurde, weil es um 1560 zum Teil aus dem Abbruchmaterial der eigentlichen Funkenburg nahe dem Marienbrunnen errichtet worden war, wo sich auch SAGENhaftes zugetragen haben soll ... (s. dazu auch Uhlrich: „Der Marienborn", PRO LEIPZIG, 2001, S. 35ff)

Fast schon Nacht war es, als ein junger Fremder, auf der Straße von Grimma kommend, an die Tore der Funkenburg schlug. Um ein Nachtlager bat er, zu schrecklich sei das Unwetter, und die Tore der Stadt seien schon geschlossen. Der Besitzer war nicht abgeneigt, warnte den Gast aber vor Geistern, die in seinen Mauern hausten.

„Davor fürchte ich mich nicht. Und so müde, wie ich bin, werde ich schlafen, daß auch Geister mich nicht wach bekommen."

Dem alten Ritter war's recht, und dem Gast wurde, wie er es erbat, ein Lager im Burgsaale hergerichtet. Dort trieben die Geister besonders gern ihren Spuk, wie man sich erzählte.

Der Fremde legte sich schlafen. In der Burg regte sich nichts. Doch kaum hatte es Mitternacht geschlagen, begann ein furchterregendes gespenstisches Spiel. Der Fremde wachte nun doch auf. Hell vom Mondlicht war der Saal. Es rumorte im Gemäuer, polternd und prasselnd fuhr es durch den Kamin herunter. Körperteile, Gliedmaßen kollerten in den Raum. Der Fremde griff nach seinem Schwert.

„Mich schreckt ihr nicht! So nicht!" rief er in den Saal. Da formte sich aus den Teilen eine Gestalt und ging umher, als suche sie etwas. Und es polterte und knisterte weiter ungeheuerlich. Weitere Gliedmaßen und Körperteile rutschten aus dem Kamin in den Saal, vollführten einen wilden Tanz und formten sich schließlich zu menschenähnlichen Gestalten, die sich zu einem offenen Kreis aufstellten.

Bedrohlich sah das aus, und fester griff der junge Fremde seine Waffe. Doch nichts geschah gegen ihn. Statt dessen stieg aus dem Boden heraus eine festlich gedeckte Tafel. Die Kerzen der goldenen Leuchter brannten, in edelstein-bedeckten Pokalen brach sich das Licht vieltausendfach. Kostbare Speisen lagen auf den silbernen Tellern. Eine der Gestalten kam nun auf den Fremden zu mit verhaltenem Schritte und lud ihn mit stummer Geste ein, an der Tafel Platz zu nehmen. Nun wurde ihm doch bange. Einer aus der gespenstischen Runde reichte ihm einen der mit funkeln-dem Wein gefüllten Pokale. Man wollte anstoßen.

„Nein" rief er, setzte den Pokal nieder und schlug ein Kreuz gegen die Gestalten. „Herr Jesu Christ, hilf!"

Da verloschen alle Lichter. Völlige Dunkelheit und Stille waren plötzlich um ihn. Er taumelte zurück und sank er-schöpft auf sein Lager, wagte sich nicht weg und schlief schließlich wieder ein.

Als der Morgen graute, wurde er wach und wollte seinen Augen nicht trauen. Die festlich gedeckte Tafel, von der er glaubte, nur geträumt zu haben, stand mit all ihrem Reichtum noch im Saale.

Der Fremde, selbst ein Ritter, erwarb bald darauf die Burg und lebte noch lange glücklich mit den Schätzen der Geister, die ihn nie wieder behelligten.

Noch im 19. Jahrhundert war die Große Funkenburg ein gast-licher Ort mit Garten, Teich und Saal, wo bei Fischerstechen, Vogelschießen, Kartenspiel, Artistik und Gose jung und alt gern verkehrten.

Der schwarze Bruno

In einem Kloster von Meißen lebte vor Zeiten ein Mönch, den man den schwarzen Bruno nannte.
Er hatte sich in Italien die schwarze Kunst angeeignet und nutzte diese Fähigkeiten, um die frommen Klosterherren zu hintergehen. Nächtelang trieb er sich in den Nonnenklöstern herum und vergnügte sich mit deren Insassen. Bald konnte es der Erzbischof nicht mehr dulden, und er verwies ihn aus der Gegend.
Zunächst wandte sich Bruno nach Bautzen. Dort litt man ihn aber auch nicht lange, und er mußte weiterziehn. Bei den Leipziger Dominikanern nahm man ihn auf, denn er machte einen bemitleidenswerten und duldsamen Eindruck. Wer jedoch annahm, nun habe er sich besonnen und wolle ein Leben in Demut und im Dienst für Gott führen, der sah sich bald getäuscht. Noch ruchloser und wollüstiger als zuvor war sein Treiben allhier.
Deshalb war man im Kloster und in der Stadt wie von einer schweren Last befreit, als ein starker Zauberer sich fand, der Bruno in eine Kristallflasche bannte, die dann 19 Fuß tief (fast 6 m) vergraben wurde. Danach kehrte wieder Ruhe ein im geistlichen Leben unserer Stadt.
Aber Bruno sollte wieder von sich reden machen. Als an der Stelle, wo man die Flasche vergraben hatte, ein Haus gebaut werden sollte, stieß man beim Graben auf die Flasche, in der man sehr schnell den schwarzen Klosterbruder erkannte. Der Bauherr, der nun die Flasche mit ihm besaß, war wenig froh darüber und wollte sie veräußern. Doch was er auch unternahm, die Flasche kam stets zu ihm zurück. So suchte er sich zu helfen, indem er das Unglücksgefäß tief unter seinem Keller vergrub und das Haus alsbald verkaufte.

Eines Tages nun schickte der neue Besitzer dieses Hauses seine Tochter in den Keller, um Wein zu holen. Als sie hinunterkam, sah sie etwas hell funkeln. Vorsichtig ging sie darauf zu. Eine fest verschlossene Flasche lag auf dem Kellerboden. Behutsam hob das Mädchen diese auf. Ein leuchtendes Goldmännlein hüpfte lustig darin auf und ab. Sie nahm die Flasche mit hinauf und bat den Vater, diesen Schatz behalten zu dürfen. Sie wolle die Flasche des Nachts zum Leuchten neben ihr Bett stellen.

Entsetzen ergriff die Eltern, als sie den bösen Klostergeist, den schwarzen Bruno, in dem Gefäß erkannten. Sie entrissen der Tochter sofort das unheilvolle Ding, banden einen schweren Stein daran fest und hießen ihre Knechte, es in der nahen Pleiße zu versenken.

Lange hat man fortan nichts mehr vom schlimmen Bruno gehört. Später erzählte man sich, er sei von seiner Verbannung erlöst worden und habe die Gestalt eines schwarzen Hundes bekommen und dürfe nur an den Ufern von Elster und Pleiße herum-wandeln. Oft sei sein nächtliches Heulen zu hören.

Drum Vorsicht, Mädchen Leipzigs, wenn ihr es hört! Wer weiß, ob sich Bruno nicht zurückverwandeln kann. Oder wäre das zu wünschen ...?

Der Marienbrunnen

Die Gartenvorstadt Marienbrunn im Südosten unweit des Völkerschlachtdenkmals verdankt ihre Entstehung der Internationalen Baufachausstellung von 1913. Ihren Namen erhielt die freundliche Siedlung von einer Quelle. Die war einst rechter Hand stadtauswärts an der Straße An der Tabaksmühle, kurz vor dem Friedhofsweg. Um diesen Born, um die Quelle, webt sich eine der schönsten Sagen unserer Stadt.

1441 zeigte der Kalender, als eine junge Pilgerin in der Nacht ans Georgen-Hospital klopfte und um Aufnahme bat. Sie käme aus dem gelobten Land und heiße Maria. Als am anderen Morgen die Glocke von Sankt Johannis zur Andacht rief, betete Maria mit den Kranken am Laurentius-Altar.

Das geschah nun täglich. Ihre stumme Andächtigkeit wirkte auf die Hoffnung der Menschen sehr ermutigend. Es kam der Tag Johannes des Täufers, der 24. Juni, Maria wandte sich den Kranken und Siechenden zu und sprach: „Im Namen Gottes sage ich euch, wer mir heute folgt, der wird gesunden."

Die Menschen folgten ihr zum Altar des heiligen Laurentius. Dort betete sie und sprach erneut: „Im Namen Gottes sage ich euch, wer mir heute folgt, der wird gesunden."

So zogen sie ihr nach, Gesunde und Kranke, die Straße nach Grimma entlang bis zur Höhe, von wo aus man die Stadt überschaut (etwa heute Friedhofsweg/An der Tabaksmühle). Dort kniete sie nieder und betete lange. Als sie sich erhob, sprudelte eine Quelle silberhell aus dem Boden, wo sie gekniet hatte.

Maria segnete die Quelle und sprach:

„So lang der Quell hier fließt, die Gnade sich ergießt."

Danach zog Maria einen Kelch aus ihrem Pilgerkleid. Ein

sächsischer Priester hatte ihn ihr in der Kapelle des heiligen Johannes in Jerusalem übergeben. Sie solle ihn seiner Vaterstadt Leipzig überbringen.

Sie füllte den Kelch mit dem Wasser der Quelle. Mit zum Himmel erhobener Hand sprach sie darauf:

„Im Namen Gottes mag gesunden, wer heut' den Weg hierher gefunden!"

Sie reichte den Kelch den Kranken, die alle daraus tranken. Gesundheit und neue Lebenskraft spürten die Menschen durch ihre Adern rinnen.

Maria nahm den Kelch zurück und überreichte ihn den Aussätzigen von Sankt Johannis. Sie sollten ihn bewahren für ewige Zeiten, wie sich das der sächsische Priester gewünscht habe.

Während die Menschen noch verweilten, drängte sich ein weißes Reh durch ihre Reihen. Es blieb vor Maria stehen und kniete nieder. Es war das zahme Tier, das schon lange im Garten des Propstes vom Augustiner-Chorherrenstift lebte. Alle Menschen sahen es gern, wenn es zutraulich durch die Straßen der Stadt lief.

Maria setzte sich auf den Rücken des Tieres. Es erhob sich und lief mit Maria in Richtung des Connewitzer Waldes davon.

Maria hat man nie wieder gesehen. Das weiße Reh war nach drei Tagen wieder da und trug um seinen Rücken einen Efeukranz.

Der Marienborn wurde zum Gesundbrunnen. Man holte das Wasser, wusch sich damit, weil es schön machen sollte, man trank es, weil man sich davon Gesundheit erhoffte. Andere wieder kochten sich gern ihren Kaffee mit diesem Wunderwasser.

Heute nehmen Feinschmecker Mineralwässer dafür.

Hermann von Harras

Wer war dieser Mann, dessen Grabstein gleich rechts im süd-
lichen Seitenschiff der Thomaskirche zu sehen ist, wenn man
vom Thomaskirchhof herein kommt?
Den „Brandstifter" nannte man ihn zu Lebzeiten, weil er in dem
5-jährigen Bruderkrieg zwischen Kurfürst Friedrich dem Sanft-
mütigen (1428-1464) und Herzog Wilhelm (1446-1451)
durch besondere Zerstörungswut aufgefallen war. Er ließ an
einem Tag 60 Dörfer in Asche legen dort im Thüringischen
zwischen Jena und Weimar, obwohl er selbst Besitzer des
Schlosses Oßmannstedt war.
1451 ist Hermann bei einem Messebesuch in Leipzig verstor-
ben. Sein Grabmahl ist um 1470 entstanden und wird als die
älteste Grabplastik unserer Stadt angesehen. Warum ist die
fast zierliche Gestalt des Ritters stehend auf einem Löwen dar-
gestellt?

Hermann hatte sich entschlossen, an einem Kreuzzug teil-
zunehmen. An den Heiligen Stätten wollte er wohl auch
Sühne üben für sein Tun, hauptsächlich aber die biblischen
Orte gegen die Türken „verteidigen".
So ließ er seine schöne junge Frau allein und begab sich mit
anderen kampfeslustigen gläubigen Männern in den vorde-
ren Orient.
War schon der Weg dahin nicht gefahrlos, lauerte dort an
vielen Stätten der Tod. Dennoch hoffte die treue Frau in der
Heimat, ihren Mann lebend wiederzusehn. Monate vergingen ohne Nachricht, Jahre. Freier stellten sich ein, die gern
die einsame Frau getröstet hätten. Doch stolz und treu wies
sie alle Werbungen ab.

Da kehrte nach Jahr und Tag ein Knappe heim. Der gab an, gesehen zu haben, wie Hermann von Harras bei blutigem Gefechte gefallen sei.

Nun fühlten sich die Freier erst recht bewogen, um des Ritters Frau zu werben. Oft standen sie tagelang vor ihrem Haus und brachten ihr in Liedern und Geschenken die Liebeswünsche dar.

Endlich fand sie sich bereit, einen zu erhören, da vom Ritter jedes Lebenszeichen fehlte.

Doch der lebte! Er wollte aber erst heimkehren, wenn den bedrängten Christen dauerhaft geholfen war. Da trat der Teufel an den von vielen Wunden Gezeichneten heran: „Hast du deine schöne Frau vergessen? Bald wird sie einem anderen gehören, denn dich hält sie längst für tot."

Ritter Hermann erschrak. Was sollte er tun? Wie so schnell den weiten Weg bewältigen?

„Wenn du dich mir verschreibst, werde ich dich nach der Heimat bringen, ehe du dich versiehst. Dann kannst du deine Frau noch rechtzeitig in deine Arme schließen."

Als treuer Christ wollte sich Hermann freilich nicht dem Bösen so ergeben und schlug ihm eine Wette vor. „Bringst du mich und meinen Löwen nach Hause, und ich schlafe dabei ein, dann sollst du meine Seele haben."

Der Teufel war einverstanden. Der Ritter mußte sich auf seinen Löwen setzen, und schon riß es die beiden in die Lüfte. Während der Luftfahrt wurde Hermann doch müde und schlief ein, seinen Kopf in der Mähne seines Löwen bergend. Als der Löwe vor sich die Heimat seines Herrn auftauchen sah, dieser sich aber gar nicht rührte, brüllte er laut auf, wodurch Harras erwachte. Sofort eilte er zu seiner Frau.

Seine Seele war dem Teufel verloren dank der Treue seines Löwen. So konnte Hermann noch Jahre im Kreise seiner Lieben verbringen.

Ganz ähnlich ist die Sage über Heinrich den Löwen von Braunschweig. Denkbar ist, daß Kaufleute sie mit nach Leipzig brachten, wo sie dann nach 1470 dem Harras an gedichtet wurde. – Der Löwe war Symbol für Stärke, Mut und Ritterlichkeit. Aber wer weiß das heute noch?

Das Ritterloch

Kennt Ihr das „Streitholz"? Das gibt es noch. Dort, wo die Richard-Lehmann-Straße in die neue B 2/95 einbindet, wo die „Neue Linie" beginnt, die zum Sportplatz gleichen Namens führt, der mitten im Walde liegt, dort ist das „Streitholz". Es wird westlich von der Pleiße begrenzt.

Hier wollten Ende des 15. Jahrhunderts zwei Edelleute, Studenten unserer Universität, einen Streit ausfechten. Sie, die bis dahin in bester Freundschaft verbunden, hatten's so beschlossen, um dadurch endgültig zu klären, wer von ihnen die schöne Kaufmannstochter würde freien dürfen, in die sie sich beide verliebt hatten. Sie rückten an, gewaffnet und kampfentschlossen. Doch kaum hatten sie die ersten Streiche gegeneinander geführt, wurden sie von herbeikommenden Leuten gestört. Deshalb wandten sie sich gen Plagwitz zu zwei kleinen Wiesen nahe bei der Heiligen Brücke (s. S. 13). Ritterspuren hat man später diese Wiesen genannt. Dort hieben sie erneut aufeinander ein, drängten sich im Kampfe immer mehr dem Elsterufer zu.
Ob nun Hochwasser war oder der Boden zu weich, weiß heute niemand mehr zu sagen. Ehe sie noch um Hilfe rufen konnten, verschlang der Morast die so blindlich Liebenden.

Wenn Ihr von der Käthe-Kollwitz-Straße stadtauswärts rechts am Ufer des Elsterflutbetts zum Elsterwehr spaziert, findet Ihr ein Plateau mit freiem Blick aufs Wasser, das Ritterloch. Des Nachts sollen dort die Gestalten der kämpfenden Edelleute noch heute als ruhelose Schatten umherirren.
Habt Ihr sie schon mal gesehen?

Das Pflugziehen in Leipzig

Wer von uns Mannsbildern schaut nicht gern auf junge ledige Frauenzimmer?! Unsere Altvorderen hatten da alljährlich einen derben Brauch ...

Es war ein Jahr um 1500. Wieder einmal war Fastenzeit. Das waren die Tage des Pflugziehens in der Stadt. Vermummte junge Burschen hatten ihren Spaß daran, einen Pflug durch die Straßen zu ziehen. Ein Teil von ihnen ging in die Häuser und erbettelte irgendwelche Gaben. Die anderen jungen Leute machten Jagd auf ledige Frauenzimmer. Ohne Gnade wurden sie gepackt und vor den Pflug gespannt.

Oft zogen ganze Reihen alter Jungfern das Gerät zum Gespött der Leute durch die Straßen.

Einmal hatten's die Übermütigen auf eine hübsche Magd abgesehen. Doch diese entwischte behend und rettete sich in die Küche des Hauses ihrer Herrschaft. Die aufgeregten Burschen aber folgten ihr und wollten sie packen, um auch sie vor den Pranger der Ehestandslosigkeit zu spannen.

Da zog sie geschwind ein großes Küchenmesser hervor und stach einen der Männer nieder.

Man stellte sie vor Gericht. Das mußte sie freisprechen. Die Magd konnte glaubhaft versichern, daß sie nicht einen Menschen, sondern einen Geist, ein feindseliges Gespenst vor sich zu haben im Glauben gewesen war.

Hierauf ist dieser Fastnachts-Aufzug abgeschafft worden. Ist das nicht schade?

Das Hochzeitswehr

An der Elster, ein Stück von der Heiligen-Brücke flußabwärts beim Schreberbade, war das Hochzeitswehr. Wie es zu diesem Namen gekommen ist, weiß keiner mehr, aber eine Sage bewahrt uns die Erinnerung.

In Leipzigs guten Jahren nach 1500 trat ein junger Kaufmannssohn die Reise nach Italien an. In den großen Handelsstädten am Mittelmeer wollte er sein Wissen als Kaufmann vergrößern. Er lernte viel und verbrachte einige Monate im sonnigen Süden. In Venedig fand er großen Gefallen am Kahnfahren und auch an einem schönen Mädchen, mit dem er sich verlobte.

Als der Vater ihn dann heimlief, damit er als Teilhaber tätig werde im elterlichen Geschäft, versprach er der schönen Venezianerin, sie baldmöglichst nachzuholen.

Es vergingen Wochen und Monate, immer seltener wurden die Briefe, die Kaufleute von Leipzig mitbrachten.

Der junge Mann hatte sich in die Arbeit gestürzt und bald die Wahl seines Vaters, die Tochter eines reichen Handelsfreundes, hingenommen. Kein Wort war gefallen von der Verlobten im fernen Süden. Bald fühlte er sich in der neuen Familie wohl, und Hochzeitspläne wurden gemacht, die Vorbereitungen getroffen

Die Verlobte in Italien erfuhr von Kaufleuten, die aus Leipzig zurückkamen, von diesen Zusammenhängen. Vor Kummer wurde sie krank und schwermütig.

Derweilen feierte man in Leipzig Hochzeit. Der ganze Reichtum beider Familien wurde sichtbar. Viele Gäste waren eingeladen und gekommen. Als die Feier sich dem Ende neigte, wurde beschlossen, auf der Elster zur Stadt zurückzufahren.

Das Boot des jungen Paares war prächtig geschmückt. Der junge Ehemann steuerte selbst. Das erinnerte ihn an die schöne Zeit in Italien und an das Mädchen, mit dem er verlobt war. Er blickte auf und glaubte, sie vor sich schweben zu sehn, einen Totenkranz im Haar. Sie winkte ihm traurig zu.

In diesem Moment hatte das Boot das Wehr erreicht. Die Macht des Wassers riß das Gefährt mit sich. Da half keine Steuerkunst mehr.

Die mitfahrenden Hochzeitsgäste konnten sich ans Ufer retten, das junge Paar kam ums Leben.

Monate später erfuhr man, daß am gleichen Tag die Verlobte in Italien gestorben war.

Seit dieser Zeit, so erzählte sich das Volk, blühten dort am Wehr alljährlich zur Unglückszeit zwei Wasserrosen auf.

Warum nur zwei?

Die Sage vom Faßritt des Doktor Faust

„Wer in Leipzig war und war nicht in „Auerbachs Keller", darf nicht sagen, in Leipzig gewesen zu sein", so sprach man in früheren Zeiten, als Handwerksgesellen noch auf die Walze gingen und gelehrte Leute nachweisen mußten, an mehreren Universitäten studiert zu haben. Warum dieser Zusammenhang so viel galt? Nun denn, so hört!

Es war anno 1525. Der Dr. Heinrich Stromer aus Auerbach in der Oberpfalz, Mediziner an unserer Universität und befreundet mit Luther, hatte zwischen Grimmaischer Straße und Neumarkt ein stattliches Grundstück erworben, es durch Heirat ansehnlich vergrößert und darinnen einen gut gehenden Weinausschank eingerichtet, von dessen unterstem Trinkgewölbe gar ein Gang zur Universität (Dominikaner-Kloster) gegraben gewesen sein soll ...?

Zu dieser Zeit soll es sich begeben haben, daß Doktor Faust, der später vielgeschmähte Zauberer und Schwarzkünstler, nach Leipzig kam. Etliche Studenten aus Ungarn, Polen, Kärnten und Österreich, die in Wittenberg studierten, waren mit ihm gekommen. Die Messe hatte gerade angefangen. Faust und seine Gesellen spazierten durch die Stadt, besahen sich die Universität und die Meßstände. Dabei kamen sie an einem Weinkeller vorüber, wo mehrere Schröter oder Weißkittel, wie man damals hier die Knechte nannte, sich mühten, ein Faß von ungefähr 16 oder 18 Eimern aus dem Keller zu bringen.

Sie brachten's aber nicht zuwege.

Faust sah das, und mit beifallheischenden Blicken auf seine Begleiter sagte er: „Was stellt ihr euch so läppisch an, wo ihr

doch so viele seid? Einer allein könnte wohl das Faß her-
ausbringen, wenn er sich nur nicht so ungeschickt anstellte
wie ihr."

Die Weißkittel hörten solches nicht gern und gaben's Faust
zurück mit saftigen Worten, denn sie kannten ihn ja nicht,
wußten nicht um den Pakt über 24 Jahre, der Faust die
Dienstbarkeit Mephistos bei allen seinen Unternehmungen
sicherte. Das ging so wie es ging, bis der Wirt hinzukam. Als
er hörte, worüber der Streit war, sprach er zu Faust und den
anderen: „Wohlan, wer unter euch das Faß allein aus dem
Keller bringt, dem soll es gehören." Darauf hatte Faust nur
gewartet. Er ging in den Keller, setzte sich auf das Faß, als
ob's ein Pferd wäre, und ritt es schnell aus dem Keller, daß
den Leuten Hören und Sehen verging. Der Wirt war nicht
wenig erschrocken. Er wollte nicht glauben, daß so etwas
möglich ist, was doch alle gesehen hatten.
Dennoch hielt er seine Zusage und überließ Faust das Faß
samt dem Weine.
Der spendierte es seinen Gesellen. Die luden noch gute
Freunde herzu. Und so hatte man etliche Tage lang bei 16
bis 18 Eimern Weines einen guten Schlampamp davon und
wußte vom Glück zu Leipzig zu rühmen.

*Keller und Faß sind trotz Neubau 1911-13 noch vorhanden,
nur dürfte die Wirtschaft heute nicht mehr so spendabel sein.*

Die Kanonenkugel vom Johannisfriedhof

Man schrieb den 3. August des Jahres 1540. Ein schlimmes Gewitter ging über Leipzig nieder. Der Böttchermeister Anton Veid freute sich über den Regen, der die Schwüle des Tages vertrieb. Seine Tochter Dorchen aber hatte Angst vor den Gewalten der Natur und betete:
„Laßt uns unsre Feinde lieben! Segnet jene, die euch fluchen!"
Den Vater machte das nachdenklich, und er entschloß sich, zu seinem Nachbar zu gehen, der ihm zwar durch seine Zank- und Streitsucht das Leben oft schwer gemacht hatte, nun aber krank darniederlag.
Er kam dazu, wie der kranke Mann seinen einzigen Sohn segnete, der trotz der Armut und Strenge des Vaters bei diesem geblieben war. Danach war seine Lebenskraft zu Ende. Der wohlhabende Meister Veid ließ den Nachbarn anständig begraben und nahm den Sohn in sein Haus. Wie Geschwister wurden er und des Meisters Tochter erzogen. Er konnte das Böttcherhandwerk erlernen. Je mehr das Mädchen zu großer Schönheit erblühte, um so größer wurde die Liebe beider zueinander. Dem Vater Veid war's nur recht, denn einen besseren Schwiegersohn konnte er sich gar nicht wünschen.
Um die viele Arbeit noch besser zu schaffen, stellte er einen weiteren Gesellen ein. Das war ein wilder Mensch, der lange bei den Kaiserlichen im Felde gestanden hatte.
Als nun Kurfürst Johann Friedrich unsere Stadt belagerte und Herzog Moritz alle wehrfähigen Männer brauchte, um die Stadt zu verteidigen, reihten sich auch die beiden Gesellen ein in die Kämpferschar. Ein unglückliches Schicksal fügte es, daß sie während des Kampfes nebeneinanderlagen.

Das ließ bei dem bösen Gesellen sofort den Entschluß fest-
stehen, sich hier den Bräutigam Dorchens vom Halse zu
schaffen.

In der Dämmerung des 14. Januar 1547 beging er unbe-
merkt den Meuchelmord.

Als der Feind bald darauf abzog, stürmte er zur Wohnung
seines Meisters, um Dorchen den Tod des Geliebten mit-
zuteilen. Er hatte die Hoffnung, diese Nachricht werde das
Mädchen seiner Werbung fügsam machen.

Wie weggeblasen war dieser Gedanke, als er das Mädchen
erblickte. In jenem Moment, als sein Mordstahl den Bräutigam erstach, hatte eine Kanonenkugel von 48 Pfund in
Dorchens Stube eingeschlagen und ihr den Arm abgerissen.
Als der unredliche Böttcher diesen Jammer erblickte, machte er sich davon und wurde nie wieder gesehn.

Dorchen konnte geheilt werden. In stiller Trauer verlebte sie
noch über 50 Jahre und starb am 31. Januar 1595.

Mit großer Feierlichkeit wurde sie zu Grabe getragen. Die
Kanonenkugel, die ihr Leid vervielfacht hatte, mauerte man
ein in die Wand über ihrem Grabe. Noch im vorigen Jahrhundert konnte man es sehen.

*Warum dann nicht mehr? - Sicher wurde das Grabmal bei
den Kämpfen vor dem Grimmaischen Tor während der Völ-
kerschlacht 1813 zerstört. Ein Besuch auf dem Alten Johan-
nisfriedhof ist trotzdem zu empfehlen. Er ist gleich hinter dem
Grassi-Museum zu finden. Man findet die Grabsteine berühm-
ter Bürger unserer Stadt.*

Die Eule am Haus im Brühl

Kennt Ihr die Eule vom Brühl? Am Hause, das früher die Num-
mer 25 hatte, war sie zu sehen.
Ab und zu soll sie weggeflogen sein, weil sie dem Teufel helfen
mußte, seine Wetten zu gewinnen, wie damals in den dreißiger
Jahren des 16. Jahrhunderts.

In jenem Hause diente ein Hausmann, der so verschlafen
war, daß er selbst stärkstes Klopfen oder Pochen nicht vernahm und folglich auch nicht öffnete, wenn Bewohner oder
Gäste zu spät nach Hause kamen, so daß sie, wie das Wetter
auch sein mochte, draußen bleiben mußten. Darüber be-
schwerten sie sich beim Gastwirt so lange, bis dieser seinem
Hausmann drohte, ihn zu entlassen. wenn er nicht wachsa-
mer werde.
Darüber war der Hausmann nun sehr betrübt, sann hin und
her, was er tun könne, um in Lohn und Brot zu bleiben.

Da trat der Teufel in menschlicher Gestalt an ihn heran.
„Ich kann dir helfen. Verschreibst du mir über zehn Jahre
deine Seele, werde ich des Nachts in der Gestalt einer Eule
für dich wachen und dich wecken, wenn jemand um Einlaß
bittet."
Das war nun so ein Angebot! Aber schließlich siegte seine
Liebe zu dem ruhigen und sorgenfreien Leben, und er un-
terzeichnete den Vertrag mit seinem Blut. Der Teufel trat
seinen Dienst an, und es brauchte sich nun niemand mehr
über die Verschlafenheit des Hausmannes zu beschweren.
An die Eule gewöhnte man sich schnell.
So ging das nun 10 Jahre lang. Nach deren Ablauf fand man
den Hausmann morgens tot in seinem Bette.

Der Teufel hatte ihm den Hals umgedreht. – Auch die Eule war verschwunden.

Weil man sie aber sehr vermisste, ließ der Gastwirt einen Künstler kommen, der aus Stein eine meißeln mußte. Und die ist dem Haus treu geblieben, lange ...

Was, Ihr habt sie nicht gesehen? – Das Haus wurde im 2. Weltkrieg durch Bomben zerstört? – Stimmt! Aber sie war schon eine Weile wieder da. Nur hat man ihr Haus wieder weggenommen. Ob sie sich am geplanten Neubau wieder „einnistet", erscheint dem Erzähler eher unwahrscheinlich.

Die alte Frau in der Thomasschule

Auch unsere Thomasschule ist von Sagen nicht verschont geblieben.
Schon immer hatte sie an der Westseite des Kirchhofes gelegen. Das alte kleine baufällige Haus brach man 1533 ab. Aus dem Abbruchmaterial erlöste man nur 54 Gulden. Der Neubau war ein ansehnliches mehrgeschossiges Renaissance-Gebäude von 10 Fenstern Breite. 1902 wurde es leider abgerissen. In ihm begab sich, was nun folgt.

Wenn Thomasschüler ansteckend erkrankten, brachte man sie in den sogenannten Rothen Turm.
Wieder einmal hatte einer die rote Ruhr. Er kam zusammen mit einem, der am viertägigen Fieber litt.
Sie wurden von einer Frau umsorgt, die auch in diesem Seitengebäude wohnte. Die erste Nacht verlief ohne besondere Vorkommnisse. Am anderen Abend fand der Thomaner, den die rote Ruhr plagte, keine Ruhe. Sein Mitschüler aber schlief schon den Schlaf der Gerechten. Die Glocke hatte bereits elf geschlagen, als sich die Stubentür öffnete und eine alte Frau hereintrat, die aber nicht die Pflegerin war. Sie hatte eine weiße Haube auf dem Kopf, deren Flügel unter dem Kinn zusammengebunden waren. Ein Tuch war um die Schulter gelegt, und sie hatte eine Schürze vorgebunden. Sie ging direkt auf das Bett des Ruhelosen zu, so daß dieser deutlich ihr blasses gelbes Gesicht mit der langen Nase sehen konnte. Er war ganz erschrocken und hielt sich das Bettuch vor die Augen. Die Frauengestalt trat zurück und ging zu dem kleinen Nachttisch. Sie machte ihn ganz ordentlich auf und sah hinein. Das nutzte der Thomaner, um mit seinem Stock, den er neben dem Bett stehen hatte, der unten wohnenden Pflegerin ein Zeichen zu geben.

Sie kam auch sofort die Treppe herauf. Da wendete sich die alte Frau zur Stubenecke und verschwand.

Der Schüler erzählte der Pflegerin sehr aufgeregt den ganzen Hergang, fiel aber bald in Ohnmacht.

Der schnell herbeigerufene Arzt ließ den Jungen zur Ader, aber kein Tropfen Blut wollte kommen. Nach Tagen erst hatte sich der Patient leidlich erholt.

Auch anderen Personen ist hernach die Alte noch erschienen, oft zur Mittagsstunde, wenn die Wäsche auf den Boden gebracht wurde.

Bald blieb sie länger und schließlich ganz aus.

Ob sie nun Euer Haus erwählt hat ...?

Der Ritter mit der eisernen Kette

Der Ritter Georg von Blanck besaß bis 1579 das Rittergut Wahren. Heute steht dort das Gutshaus von 1753. Ritter Georg war ein harter Mann. Seine Untertanen in Wahren und der Umgebung hatten ein schweres Los. Er preßte aus ihnen das letzte heraus: Sie mußten ohne Bezahlung für ihn arbeiten, hohe Abgaben leisten und nur das Bier kaufen, das er brauen ließ. So finanzierte er das verschwenderische Leben für sich und seine Familie. Dazu war er noch überaus jähzornig.

Während des Kirchenbaus in Wahren forderte er einen Maurer auf, zu ihm auf den Gutshof zu kommen und dort zu arbeiten. Nun gehörte aber dieser Mann nicht zu des Ritters Untertanen, und so weigerte er sich: „Herr, ich bin hier angestellt, die Kirche unseres Herrn zu bauen. Ihr habt mir nichts zu befehlen." Der Ritter brauste auf: „Was fällt dir ein?! Hier bestimme ich, was geschieht." Ein Wort gab das andere. Beide wurden laut. „Wenn du nicht sofort machst, was ich will ...". Der Maurer aber beharrte auf seinem Recht. Das reizte den Ritter aufs Blut. Er zog sein Schwert und erschlug den rechtschaffenen Mann. Die Untat kam vors Gericht beim Bischof von Merseburg, der der oberste Lehnsherr hier war. Er verurteilte den Ritter von Blanck, bis an sein Lebensende als Zeichen seiner Schuld eine Eisenkette auf dem Leib zu tragen, so daß ein jeder ihn als einen schuldig Verurteilten erkennen konnte.

In der Kirche von Wahren ist der Grabstein des Ritters. Man erkennt einen gedrungenen, kräftigen Mann mit Plattenpanzer und Schwert. Die Gesichtszüge sind finster. Die eiserne Kette ist nicht mit dargestellt.

Die Totengräber von Großzschocher

Ende des 16. Jahrhunderts gab es in Großzschocher zwei Totengräber, die ein Bündnis mit dem Teufel schlossen, um es mit seiner Hilfe in kurzer Zeit zur Meisterschaft in der Zauberei zu bringen. Sie wiesen auch ihre Frauen und Kinder, Schwiegersöhne und Töchter in diese Kunst ein, so daß diese die satanischen Handgriffe bald ebenso gut beherrschten wie die Meister.

Um ihr grausiges Handwerk schneller betreiben zu können, hatten sie sich ein Pulver zubereitet, das aus gedörrten und kleingestoßenen Kröten, Schlangen und Molchen bestand. Dieses gaben sie anfangs einigen Kranken im Dorf, um denen ihr Mitleid zu bezeugen und den Anschein zu erwecken, daß sie zu baldiger Genesung beitragen wollten. Da die Menschen ihnen vertrauten, brachten die Totengräber einen nach dem anderen unter die Erde. Damit die Verbrechen nicht ruchbar werden sollten, fingen ihre Frauen und Schwiegersöhne an, mancherlei Wetter zu machen und die Luft zu vergiften. Beklagten sich die Leute über Unwohlsein, gaben sie ihnen das bekannte Pulver oder beräucherten sie damit. Die Menschen starben dabei wie Fliegen, und es hieß nicht anders, als daß in dem Dorfe die ansteckende Pest grassiere. Getrieben von ihren Erfolgen gingen die satanischen Bundesgenossen daran, nicht erst zu warten, bis die kranken Personen starben, sondern legten sie schon in den Sarg, wenn sie nur etwas krank waren, und brachten sie halbtot in die Erde. Niemand traute sich, zu den kranken Leuten zu gehen, zu groß war die Furcht vor der schrecklichen Krankheit. So konnten die Totengräber und ihre Spießgesellen schalten und walten, wie es ihnen beliebte. Doch die Gerechtigkeit kam bald zum Zuge und brachte Licht in die grausigen Ereignisse.

Eines Tages kehrte ein Handwerksbursche aus der Fremde heim, Sommer war's im Jahre 1582. Er ging zu einem Gasthof von Großzschocher und sah, wie die Totengräber eine Leiche an ihm vorbeitrugen. Er wurde neugierig und fragte, wer die verstorbene Person sei.

„Die kennst du doch nicht. Und außerdem gib acht, es grassiert hier ein Sterben, weshalb es die Leute nicht lange machen. Die hier war gestern noch ein munteres Frauenzimmer, ist gesund und frisch im Dorf herumgegangen, und heute ist sie hin und wird nun begraben." Sie sagten's und gingen mit der Leiche weg. Der Bursche ließ sich nicht einschüchtern und fragte andere Leute, wie das Mädchen heiße. „Es ist die Anni aus der Buttergasse", ward ihm zur Antwort. „Weh mir, das ist meine Braut, mit der ich mich, als ich vor zwei Jahren in die Fremde ging, ordentlich versprochen habe. Ihretwegen komme ich heim. Es kann nicht sein, und wenn sie es ist, will ich sie noch einmal im Sarge sehen, und mag sie die Pest noch so arg gehabt haben."

So ging er den Totengräbern nach auf den Kirchhof und verlangte von ihnen die Öffnung des Sargs. Das ginge nicht, und ein für alle Male, es sei bei der Pest nicht Mode.

Der junge Mann gab nicht nach, und mit Hilfe einiger junger Leute, die er für Geld gewonnen hatte, ihn zu begleiten, überwältigte er die Totengräber, riß mit Gewalt den Sarg auf und erkannte seine Verlobte ganz genau wieder.

Mit Verzweiflung und Wut wurde er gewahr, daß das Mädchen an Händen und Füßen gebunden war und ein starker Knebel ihr im Munde steckte, daß sie aber noch lebte. Die Totengräber, als sie sahen, daß ihr Tun verraten war, suchten ihr Heil in der Flucht.

Man ließ sie zunächst gewähren, schlug aber Alarm im Dorf. Das Mädchen wurde aus dem Sarge genommen, mit Umsicht nach Hause gebracht und wieder ins Leben geführt. Inzwischen hatten die Großzschocherer die flüchtigen Totengräber und ihre mörderische Sippe gefaßt. Die Frauen und die Schwiegersöhne wurden auf dem Scheiterhaufen verbrannt, die Bundesgenossen des Teufels, die beiden Totengräber, sind mit glühenden Zangen gerissen, gerädert und aufs Rad geflochten worden. Das geschah am 28. Oktober des Jahres 1582.

Bald darauf führte der Handwerksbursche seine Braut, der er das Leben gerettet hatte, zum Altar.

Ob der Handwerksbursche seinen Mut gegen die Totengräber in der Ehe dann bereut hat, dazu schweigt der Sagenborn.

Der Teufel stiftet Sohnesmord an

Es geschah 1618. Ein Soldat, der 23 Jahre nicht mehr zu Hause war, kehrte nach Leipzig zurück. Da seine Eltern hier eine Gastwirtschaft betrieben, kehrte er zunächst als ein Gast dort ein, ins „Gasthaus zum goldenen Siebe" in der Hallischen Gasse. Die Eltern erkannten ihn nicht. Danach besuchte er seine Schwester, die auch in der Stadt aber woanders wohnte. Ihr gab er sich zu erkennen und lud sie ein, am nächsten Morgen zu den Eltern ins Gasthaus zu kommen, wo sie alle Wiedersehen feiern wollten.

Bevor er im Gasthaus zur Ruhe ging, übergab er dem Wirt, seinem Vater, seine Sachen und 300 Taler in Verwahrung. Am andern Tage wolle er sich es mit ihm recht lustig machen.

Während der Sohn in froher Erwartung des nächsten Morgens einschlief, trieb der Teufel sein satanisches Spiel. „Das schöne Geld. Es ist doch ein Leichtes, es zu behalten. Laßt den Soldaten nicht wieder aufwachen. Keiner weiß etwas."

Die Eltern ließen sich verblenden, schlichen in die Kammer und ermordeten den Schläfer.

Als am Morgen die Tochter kam und nach dem Soldaten fragte und schließlich sah, was geschehen war, entdeckte sie den Eltern, wen sie da umgebracht hatten.

Die Verzweiflung war unbeschreiblich: der Vater erhängte sich, die Mutter machte ihrem Leben mit dem Dolche ein Ende, und die Tochter, weil sie sich mitschuldig fühlte, ertränkte sich in einem Brunnen.

So hatte der Herr der Hölle vier Seelen auf einmal seinem Konto gutschreiben können.

Lieschen Büsche in Schönefeld

Der Mai 1593 war kein Wonnemonat für Leipzig. Es kam zu wüsten Tumulten aufgeputschter Leipziger Lutheraner gegen ihre calvinistischen Mitbürger, deren Häuser man plünderte, zerstörte und brandschatzte, nur weil sie in ihrem Glaubensbekenntnis andere Gedanken hatten. Mit Mühe nur und erst nach Hinrichtung von vier Aufrührern am 1. Juni gelang es dem Rat der Stadt, wieder Ruhe zu schaffen.
Sagenhaftes hat sich am Rande dessen zugetragen.

Unter den Inhaftierten war auch mancher Unschuldige. Aber wer kann in solch einer Situation sogleich den Unhold vom Tugendbold unterscheiden? So hatte man auch den Kaufmann Eberhard Pöltz mit eingesperrt, der sich gegen die Randalierer zur Wehr gesetzt hatte.
Seine Tochter Elisabeth war ins Dorf Schönefeld geflüchtet, nachdem sie hatte mit ansehen müssen, wie all ihr Besitz vernichtet und der Vater gar verhaftet worden war. Dort bei Freunden erfuhr sie nach Tagen, daß in der Stadt am 1. Juni eine Hinrichtung stattfinden werde. Sie glaubte nichts anderes, als daß auch ihr unschuldiger Vater mit zum Schafott geführt werden würde. Elisabeth, obwohl sie krank und schwach war, eilte nach der Stadt, um den lieben Vater noch einmal zu sehen. Aber schon an den Parthewiesen beim Rittergut (Nähe Schwimmhalle Nordost) konnte sie nicht mehr weiter. Sie war am Ende ihrer Kräfte. Das Mädchen sank zusammen und fand hier den Tod.
Der Stock, auf den sie sich gestützt hatte, war im lockeren Boden dieser Stelle steckengeblieben.
Und fast wie ein Unschuldszeichen begann er schon nach wenigen Tagen Wurzeln zu treiben und zu grünen. Zweige

breiteten sich immer weiter aus. Und da niemand Hand an-
legte, sproß ein Gebüsch daraus.
Die Dorfbewohner sprachen fortan nur von Jungfer Lies-
chens Büschen. Aber das war vor langer, langer Zeit.

Der Teufel entführt eine Frau

1630 wohnte vor dem Peterstor der Kutscher Michael Rosenkrantz mit seiner Frau Regina. Sie hatten etliche Schulden. Die Frau verfiel darüber in Schwermut. In dieser Lage kam am 10. Oktober ein fremder Mann zu ihr. Er sagte: „Ich sehe dein Anliegen wohl. Komm mit mir. Ich werde dir helfen, einen Schatz zu finden."

So gingen sie los. Aber als sie an einem Wasser vorüberkamen, packte der fremde Mann die Frau mit roher Gewalt und warf sie hinein. Mit Mühe nur konnte sie wieder festen Boden erreichen und nach Hause kommen.

Am anderen Morgen begab sie sich zur Kirche. Auf dem Weg dorthin lief unerwartet ein schwarzer Bock neben ihr her. Die Frau versuchte, ihn zu vertreiben. Aber das Tier war stark, nahm sie auf seine Hörner und trug sie davon. 5 Meilen weit schleppte es sie in einen Wald, wo sie acht Tage verblieben und ohne Speise und Trank auskommen mußte. Der Zufall kam ihr zu Hilfe. Ein Bauer begegnete ihr bei ihrem Irrweg. Der zeigte ihr, wie sie aus dem Wald herauskommen konnte, ohne vom Teufel wieder verführt zu werden, denn kein anderer als er war es, der der Rosenkrantzin als Fremder und als Bock erschienen war.

Zwar sehr geängstigt, sonst aber frisch und gesund, langte sie am 18. Oktober wieder in Leipzig an, wo man in beiden Kirchen Gott für seinen geleisteten Schutz Dankgebete widmete.

So leicht hatten es früher die Frauen, wenn sie einmal ein paar Tage von zu Hause wegblieben. Ob man ihnen heute allerdings den damaligen Grund abnehmen würde – was meint Ihr?

Der Kobold vom Matthäikirchhof

Das 17. Jahrhundert hatte nicht nur Unheil für Leipzig übrig, wie es besonders schlimm in den Jahrzehnten des Dreißigjährigen Kriegs über unsere Stadt hereinbrach. Die Stadt erholte sich wieder und fand zu neuer Größe.

Ein Leipziger Bürger mit Namen Scheibe hatte ein Haus am Matthäikirchhof. Einst wollte er eine getäfelte Wand neu weißen lassen. Man entfernte das Holz und fand dahinter viele zugeputzte Löcher in der Wand. Als man das erste öffnete, fiel ein ganzer Haufen Messer von sehr alter Form heraus. Einige waren schon rostig, andere noch blank und scharf. Welche waren sehr schmal und lang wie zum Aufspießen von Lerchen, wieder andere mit Achatsteinen besetzt, und ein Teil hatte elfenbeinerne Griffe. Als man, nun fundgierig geworden, im Keller grub, fand man viele runde Töpfe, die mit Kindergebeinen gefüllt waren, worüber großes Grausen herrschte. Seit dieser Zeit trieb ein Kobold im Haus sein Unwesen. Er warf in der Stube mit Gegenständen nach den Leuten, schabernackte unentwegt, ohne allerdings jemanden zu verletzen. Auch gesprochen hat er nie, auch nicht als der Hausherr ihn fragte: „Alle guten Geister loben Gott den Herrn. Was tust du? Gib ein Zeichen von dir, Putz!"
Die Antwort war, daß er etwas an den Kopf geworfen bekam.
Einmal hat jemand auf den Kobold laut gelästert und geflucht, daß er ein dummes Viech sei und zu nichts tauge. Im nächsten Moment hatte dieser vorlaute Mensch eine derartige Maulschelle mit einem Pantoffel erhalten, daß ihm die gesamte Gesichtshälfte geschwollen ist und auch ganz schön geschmerzt hat.

Mal meinte man, der Kobold säße im Schrank. Doch der war immer fest verschlossen. Dann wieder schien es, ab schlage er in der Kammer alles kurz und klein. Aber beim Hineinsehen fand man alles in bester Ordnung. Wenn es nachts im Hause dunkel war, trieb's der Kobold besonders schlimm. Deshalb ließ man immerfort das Licht brennen. Gern zupfte er die Leute im Bett an den Ohren oder zog ihnen einfach das Deckbett weg. Aber es kam ihm nicht in den Sinn, das Licht auszublasen.

So nach und nach fanden sich die Leute mit dem Wesen des Kobolds ab. „Ach sieh, da kommst du wieder", pflegten sie zu sagen, wenn er seine Spielchen trieb.

Einmal nahm er sich ein Gefäß voller Fledermäuse, das ganz fest verschlossen war. Er nahm die Flederwische heraus und warf sie gegen den Hauswirt.

Dieser dachte nicht daran, daß es seine sein könnten, und sprach: „Na sieh, was machst du nun wieder! Hast du Flederwische in der Nachbarschaft gestohlen? Oh wirf sie nur immer her, ich habe sie von Nöten."

Da hat ihm der Kobold vor Zorn ein paar Dinge auf den Buckel losgezählt, daß er sich vor Schmerzen krümmte.

So ging es noch Jahre weiter, wobei er aber nie den Kindern etwas zu Leide tat. Nur deren Stühlchen, Strümpfchen und Kleider warf er gern nach dem Hausherrn.

Schließlich war er offenbar des Koboldens müde und wurde nicht mehr gespürt.

Beim nächsten Hausherrn war er wieder eine Weile da, nachdem dieser auch im Keller gegraben hatte, um nach einem Schatz zu suchen.

Drum überlegt Euch gut, ob ihr im Keller graben müßt.

Der Schatzgräber in der Angermühle

Obwohl unsere Stadt im Flachland liegt, gab's hier früher mehrere Mühlen: die Nonnenmühle (deshalb Nonnenmühlgasse), die Thomasmühle, die Barfüßermühle, die Angermühle (heute etwa Jacobstraße 1). Die Pleiße bzw. bei der Angermühle der Elstergraben trieben sie an.

Es war 1707 zur Michaelismesse. Einer der Müllerburschen von der Angermühle ging, um einen anderen Müllerburschen zu besuchen. Diesen traf er aber nicht an. Nur ein Fremder war dort, der auf ihn gewartet zu haben schien. „Hast du nicht Lust auf eine Kanne Bier?" fragte er. „Warum nicht?" gab der Angermüllerbursche zur Antwort. Und so gingen sie zur Petersstraße in eine Wirtschaft. Sie sprachen von diesem und jenem und kamen schließlich aufs Schatzgraben zu sprechen.

„Oh, da weiß ich ein Buch, in dem alles geschrieben steht, über die Beschwörungen und so", gab der Fremde an. Sie einigten sich, daß der Fremde es für acht Taler beschaffen wird. Zwei Taler sollten im voraus, sechs Taler zur Neujahrsmesse gezahlt werden, sofern ein Schatz gehoben sei. Sie gingen in Kaspar Boses Garten vor dem Grimmaischen Tore auf den Holzplatz dort. Ehe der Fremde anfing, das Buch abzuschreiben, schickte er den Müllerburschen weg, ihm für einen Groschen Tabak zu holen. Das Buch, aus dem er nun abzuschreiben begann, nannte sich „Dr. Faustens Höllenzwang". Als der Junge wiederkam, hatte der Fremde schon vier Seiten vollgeschrieben. Zusammen mit drei anderen Zetteln gab er sie ihm. Auf diesen waren Anweisungen, wie man sich bei der Beschwörung verhalten muß. Außerdem übergab er ihm einen dicken Draht aus Messing, der vorn zu einem Schlangenkopf ausgeformt war. „Den mußt du wie eine Wünschelrute halten. Ich leih' ihn dir aber nur."

So gingen sie auseinander.

Der Müllerbursche hatte schon oft gehört, wie erzählt wurde, daß im Keller seines Meisters seit dem 30-jährigen Krieg ein Schatz zu finden sei, den man vor den Schwedischen vergraben habe, als die in der Stadt geherrscht hatten. Noch niemand aber war bisher Erfolg beschieden. So schlich er zur nächsten Mitternacht, es war Freitag, der 21. Oktober, in den Keller. Dort nahm er sogleich den Messingdraht in beide Hände und hielt ihn vor sich hin. Der schlug auch sofort seitlich aus. Der Junge folgte dieser Richtung, bis der Schlangenkopf nach unten zeigte und schließlich still verhielt.

Hier also mußte der Schatz sein. Er begann nun sein Kunststück getreu der Worte auf den Zetteln. Zauberkreise zog er um sich herum, zeichnete Figuren, setzte Lichter hin und sprach Beschwörungsformeln. Da endlich zeigte sich ein Rauch aus der Erde an der Stelle, wo der Schlangenkopf hingezeigt hatte. Ein kleines Männlein war darin zu sehen. Es schien wie mit einem grauen Flor überzogen zu sein. Auf der Truhe, wohin der Bursche die Lichter gestellt hatte, sah er in diesem Augenblick zwei blinkende Zweigroschenstücke.

„Bist du damit zufrieden?" fragte ihn das Männlein. „Ja", antwortete er noch ganz benommen vom Geschehen. Schon im nächsten Moment war das Männlein verschwunden. Der Junge betete kniend, löste dann die Zauberkreise auf. Danach löschte er zunächst das mittlere und dann die anderen Lichter. Gemäß der Instruktionen ging er die ersten Schritte rückwärts bis zur Kellertreppe. Wieder oben in seiner Kammer angekommen legte er sich schlafen, denn er war fürs erste zufrieden.

Am darauffolgenden Freitag, den 28. Oktober, ging er wieder ans Werk, nun mit schärferen Beschwörungen. Auf seine halb gütige, halb trotzige Aufforderung erschien der Geist wieder. Sogar die Erde schob sich über dem Schatze weg, so daß er den Goldklumpen deutlich sehen konnte. Mehr als ein brandenburgisches Sechzehngroschenstück, geprägt im Jahre 1636, vermochte er aber nicht herbeizuzwingen. Er schwor dem Satan mit aufgerecktem Finger einen Eid, sagte Gott und seiner eigenen Seligkeit ab und ging in seine Kammer.

Am nächsten Freitag, den 4. November, wagte der Junge den dritten Beschwörungsgang. Und siehe da, der Schatz zeigte sich völlig. Es war ein Schwenkkessel voller Gold. Als er aufblickte, sah er in der Ecke ihm gegenüber ein viereckiges Kästchen aus der Erde kommen, auf dem eine Peitsche lag, die sich zu bewegen schien. Auf der Truhe, wo seine Lichter standen, lag ein Blatt Papier. Mit schwarzen Strichen war es eingefaßt, und rot war es beschrieben. Eine angespitzte Truthahnfeder lag daneben. Und nun erschien auch das Männlein wieder. Diesmal hatte es ein langes Buch oder Register bei sich. Wie es auf ihn zukam, fiel ein Tropfen Wasser vom Gewölbe dem Jungen auf die Hand. Kalt wurde sie ihm sogleich, und ein Blutstropfen zeigte sich auf ihr. Er griff die Feder, tauchte sie ins Blut und wollte seinen Namen auf das Papier schreiben, als er Schritte vernahm. Jemand kam scheinbar herunter. Vor Schreck ließ er die Feder fallen, löschte das mittlere Licht, warf die anderen in ein Wasserfaß. Er löste hastig den Zauberkreis und ging mit dem Rücken zur Wand aus dem Keller. Draußen traf er aber niemanden an.

Wie er so an der Kellertür stand, sah er, daß mächtiger Rauch aus dem Gewölbe nach oben zog, als hätte der Böttcher ein großes Faß gepecht.

Als der Müllersbursche am darauffolgenden Freitag seine Zauberei wiederholen wollte, wurde ihm schon auf der Kellertreppe schwindlig.

Die Woche darauf mußte er seinen Meister in die Kirche begleiten. Großes Verwundern herrschte über sein Verhalten danach. Er führte gottlose Reden und wollte nicht mehr beten. Der Meister, der Vater und auch der Pfarrer führten allen Ernstes ein Gespräch mit ihm.

Daraufhin nahm er die sieben Seiten Beschwörungsregeln, zerriß sie und verbrannte sie danach allesamt. Erst nun vertraute er anderen seine Erlebnisse an.

Was aus der Rute mit dem Schlangenkopf geworden ist, weiß die Sage nicht zu berichten.

Die Wettermacher in Leipzig

Wer hätte sich nicht schon einmal gewünscht, das Wetter in seinem Sinne beeinflussen zu können? In unserer Stadt ist das einmal gelungen, aber auch das ist schon sehr lange her.

Studenten aus vornehmem Hause haben einst zu Leipzig dieses Experiment gewagt. Ihr Famulus nannte ein Buch der schwarzen Kunst sein eigen. Das nahmen sie auf einen Spaziergang mit ins Connewitzer Holz. Auf einem freien Feld nahe dabei lasen sie darin. Sie fanden, daß man mit gewissen Worten, Beschwörungen und Bewegungen, mit sonderbaren Verrichtungen in der Lage sei, Wetter und Donner sich nach Wunsch zu bestellen.

Da am Himmel kein einziges Wölkchen zu sehen war, meinte einer, daß man's doch einmal versuchen sollte, sich ein Wunschwetter herbeizuzaubern. Die Mehrheit fand den Gedanken gut und war bereit, etwas mitzutun. Einer zog einen Kreis, der nächste hob eine kleine Grube aus, ein dritter holte Wasser und goß es hinein, der vierte mußte es rühren, der fünfte zeichnete Figuren, und der letzte las aus dem Buch im Kreise gehend die vorgeschriebenen Worte vor.

„Wetter, oh du Wetter,
sei uns heute Retter!
Durstend hier wir stehen.
Nur die Sonn' wir sehen!
Such das Land zu segnen!
Laß es endlich regnen!

Wie sie das alles so getreu vollführten, verdunkelte sich der Himmel, der eben noch hell gewesen war. Und je mehr sie fortfuhren mit ihrem Zauber, um so schwärzer zeigte sich ein Gewitter an.

Das überwältigte sie derartig, daß sie auf die Knie fielen und mit erhobenen Händen zu Gott beteten. Sie gelobten feierlich, so etwas zeit ihres Lebens nicht wieder zu tun und allen andern davon abzuraten. Sie hätten aus Fürwitz nur des Teufels Macht probiert und baten um Christi Willen um Vergebung.

Da ist das Gewitter vergangen, und der Himmel wurde wieder so schön und hell, wie er vorher gewesen war.

Das Buch aber haben die Studiosi, nachdem sie es aufgeblättert und Steine an die Ecken gebunden hatten, in die nahe Pleiße geworfen, wo es vom Wasser bald verdorben ward.

Weil seitdem es keiner wieder gewagt hat, uns zu Wunschwetter zu verhelfen, macht das Wetter nach wie vor Wetter, wie es ihm beliebt.

Die drei Goldstücke der Familie von Hahn

In der Nähe unserer Stadt beim Dorf Kleinzschocher auf der Aue (dort ist heute noch das Hahnholz) wurde eine Frau von Adel aus der Familie derer von Hahn durch die Zofe einer Nixenfürstin gebeten, mit ihr unter den Fluß zu gehen. Ihre Herrin liege in den Wehen und brauche dringend Hilfe. Zögernd willigte die Frau von Hahn ein. Da teilte sich auch schon das Wasser vor den Frauen, und beide konnten durch einen luftigen Weg tief in das Erdreich gelangen.

Die adlige Frau war von praktischer Natur und half der Herrin aus dem Wasserreich, ein Nixlein zu gebären. Als alles Notwendige getan war, bat sie, wieder keimkehren zu dürfen.

Wie sie sich zum Gehen wandte, trat ein Wassermann an sie heran, der ihr einen Topf voll Asche hinhielt.

„Nimm dir so viel heraus, wie du begehrst für dein Bemühen!"

Die Frau weigerte sich, für selbstverständlichen Beistand einen Lohn zu nehmen.

„Das hast du gut gesagt, ich hätte dich sonst töten müssen."

Hiernach wurde sie von der Zofe den gleichen Weg zurückgebracht, den sie hergekommen waren. Als sie wieder auf der Aue standen, zog die Zofe drei Goldstücke aus ihrem Rock und gab sie der adligen Frau. Dabei sagte sie:

„Nimm das als unsern Dank. Doch verwahre diesen Schatz gar wohl und gib ihn nicht aus eurer Familie, sonst werdet ihr in Armut verderben. In Hülle und Fülle aber, wie du dir's wünschst, werdet ihr leben, sofern ihr dieses Andenken richtig verwahrt."

Sie hob die Hand zum sachten Gruß und ging zurück in ihr tiefes Reich.

Die drei Goldstücke gingen nach dem Tode der Frau an ihre drei Söhne mit oben erwähnter Vermahnung.

Noch im 17. Jahrhundert haben zwei Herren derer von Hahn ihr Goldstück besessen und in Wohlstand gelebt. Das dritte aber ist von einer Frau in Prag ausgegeben worden. Danach soll sie ganz armselig gestorben sein.

Sie hätte eben das Goldstück dreimal umdrehen sollen, ehe sie es ausgab. – Das sollte man nicht nur mit Goldstücken auch heute tun. Denn wer den Cent nicht ehrt, ist des Euros nicht wert!

Der spukende Mönch im St. Georgenhaus zu Leipzig

Unter dem 30. September 1701 können wir in Vogels „Leipzigischem Geschichtsbuch" lesen, daß „... das große und schöne neu erbauete Zucht-, Spinn- und Waisenhaus unten im Brühl allernächst dem Opern-Hause (heute etwa IBIS-Hotel/„Novotel"), welches mit vielen Gemächern und Behältnissen, wie auch unter der Erden mit stattlichen Gewölbern, und von außen sehr ansehnlich und hoch ... war aufgebauet worden ... In diesem werden nicht nur arme verlassene auferzogen, sondern auch ungeratene Kinder, desgleichen die unnützen Bettler und gefangene Leute durch Arbeit und Strenge kürre gemacht."

In diesem St. Georgenhause also ließ sich in vergangenen Jahrhunderten tagtäglich ein Mönch sehen. Er fügte niemandem ein Leid zu, und so duldete man ihn.

In den zwanziger Jahren des 19. Jahrhunderts nun war ein Wächter dort im Dienst, dem der spukende Gefährte nicht gefiel. Er sann darauf, ihn loszuwerden. Bei allernächster Gelegenheit wollte er ihm eine solche Ohrfeige geben, daß es dem gespensternden Klostermann nicht mehr einfallen sollte, an diesen Ort zurückzukommen.

Ein paar Nächte vergingen ohne eine Begegnung. Doch dann, der Wächter machte so um die zwölfte Stunde die Runde mit seinem Hund, kam ihm der Mönch die Treppe herunter entgegen. Er erkannte seinen Widersacher, schickte sich an, dem einen nachdrücklichen Schlag zu verabreichen, als ihn eine plötzliche gewaltige Maulschelle des herum wandelnden Mönchs zu Boden warf.

Geraume Zeit lag der Wächter aller Sinne beraubt am Boden. Als er wieder zu sich kam und sich ein wenig erholt hatte, fand er sich nicht weit von seiner Wohnung entfernt. Sein treuer Hund, an allen Vieren zitternd, lag neben ihm. Der Wächter kroch auf den Knien in seine Wohnung und auf sein Bett. Er hatte allen Mut zu weiteren Auseinandersetzungen mit dem spukenden Mönch verloren.

Als er am anderen Morgen in den Spiegel sah, stellte er fest, daß ihm die Wange bis über die Kehle herunterhing, ohne daß er jedoch Schmerzen verspürte oder sich verletzt fühlte. Nach Tagen erst erstattete er seiner Obrigkeit Bericht über diesen Vorfall.

Zum Glück! Sonst hätten wir nie Kenntnis erhalten von diesem wackeren Mönchs-Gesellen des „schwarzen Bruno". Oder war's vielleicht doch nur ein schlagfertiger Zögling?

Die Nixe von Lindenau

Noch in 19. Jahrhundert trieb die kleine Luppe, die vor dem Elsterwehr im Palmengarten von der Elster abzweigt, nahe der Dreilindenstraße eine Mühle an. Das Wasserradhaus ist heute noch zu sehen.

Im 18. Jahrhundert ist dort einmal ein Müller von einem Nix ins angestaute Wasser gezogen worden und dabei ertrunken. Damals lebten nahebei noch die Enkel einer Hebamme von Lindenau. Sie erzählten dem, der es hören wollte, daß ihre Großmutter eines Nachts zu einer Nixenfrau gerufen worden war. Die Fischweibchen waren nämlich hilflos, weil das freudige Ereignis einer Nixengeburt nicht beginnen wollte. Die Hebamme ging mit, wenn auch mit unguten Gefühlen, aber jemandem zu helfen, der in Not sich befand, war ihr das Wichtigste.

Sie kam aus dem Staunen nicht heraus, als sich die Wasser vor ihr und der Nixenbotin teilten und man hinabsteigen konnte in ein ihr völlig fremdes Reich. Sie kamen zu einer vollständig eingerichteten Wohnung, wo die Nixenfrau in den Wehen lag. – Es gelang, ein gesundes Nixlein zu entbinden.

Man gab der Hebamme eine gute Belohnung und führte sie, ohne daß sie naß wurde, durchs Wasser wieder zurück.

Noch oft hat man später von den spielenden Nixen allhier gehört.

Wahrscheinlich haben sie zornig-traurig unser Gebiet verlassen, als durch die Elster-Luppe-Regulierung im 20. Jahrhundert das Wasser gründlich gebändigt worden war. – Wenn sich nun einer fände, der die Mühle wieder klappern ließe, und sei es nur, um gastronomische Atmosphäre besonderer Art zu schaffen.

Wer weiß, vielleicht kämen sie zurück, die Nixen ...

Wäre das nicht schön, selbst wenn die Nixen nur in unserer Phantasie leben würden? Phantasie brauchen wir alle heute mehr, als je zuvor!

Warum wohl? – Richtig! – Auch darum haben wir die alten Leipziger Sagen neu erzählt!

Die Federsuse

Rigoletto, dank Verdis gleichnamiger Oper unsterblich gewor-
den, kennt man allerorten.
Aber, Leipziger, kennt Ihr auch den südländischen Stadtsol-
daten, der gleich Rigoletto statt des gehaßten Nebenbuhlers
die Tochter des Wärters vom „Roten Thurm" in eifersüchtiger
Verblendung erstach?
Frau Sage hat uns das Geschehen bewahrt .

Der „Rote Thurm" auf der Stadtmauer beim Thomaskloster, in den auch die Thomaner einziehen mußten, wenn sie
erkrankt waren (s. S. 35 f.), diente im frühen 18. Jahrhundert
auch dem Turmwärter als Wohnung. Dieser hatte, wie man
erzählte, eine wunderschöne Tochter.
Sie war so zart und verlockend, daß so mancher Leipziger
Bürgerssohn sich in Sehnsucht und Leidenschaft nach ihr
verzehrte. Ein Kaufmannssohn hatte ihr besonders tief in
die blauen Augen geschaut und meinte, nicht ohne sie mehr
leben zu können. Auch ihr war er nicht gleichgültig.
Aber es gab noch einen anderen. Und der machte der Schönen mit südländischem Temperament den Hof. Er war
Stadtsoldat im Dienste des Leipziger Rates und kam täglich,
wenn er auf Wache zog, am „Roten Thurm" vorüber. Sein
Gruß jedoch wurde stets nur höflich kühl erwidert. Es begann bei ihm eine Eifersucht zu kochen, die zu wütendem
Haß gedieh, je mehr er miterleben mußte, wie die Liebe des
Mädchens zum Kaufmannssohn fester und inniger erblühte.
Der Vater des jungen Mannes sah's natürlich gar ungern,
daß sein Sohn so einfacher Leute Tochter in Liebe zugetan
war, mochte sie auch noch so schön sein. Er hatte längst
die Auswahl für seinen Sohn getroffen: Die Tochter eines

reichen Geschäftsfreundes, deren Mitgift den Reichtum seines Hauses mehren sollte. Verboten wurde deshalb, daß der junge Mann weiterhin seine Geliebte traf.

Doch Liebe ist stärker als Haß, als Geld und Gut. Der Kaufmannssohn beschloß, heimlich mit der Geliebten wegzugehen, um mit ihr in der Fremde ein neues, wenn auch bescheidenes Glück zu finden. Männerkleider wurden besorgt, die Flucht genau geplant.

Nicht bedacht hatten die Liebenden dabei aber, daß verschmähte Liebe einen furchtbaren Gegner nähren kann, und das wurde der südländische Stadtsoldat. Jeden kleinen Schritt des Paares verfolgte er und wußte folglich um dessen Absichten. In der Nacht, in der die Liebenden die Stadt verlassen wollten, legte er sich auf die Lauer, um den verhaßten Nebenbuhler aus der Welt zu schaffen.

Es mochte Mitternacht geworden sein, als eine männlich gekleidete Gestalt herankam. Er stürzte sich auf sie, und sein Dolch traf sofort ins Herz. Aber nicht der erwartete Kaufmannssohn war es, der entseelt zu Boden sank, sondern die Wärterstochter in ihrer Verkleidung. Als das der Soldat erkannte, stürzte er von dannen wie vom Teufel gejagt.

Wenig später kam der Kaufmannssohn zum verabredeten Treffpunkt. Er sah die Geliebte liegen, wollte ihr aufhelfen. Doch der Tod hatte schon von ihr Besitz ergriffen. Als der junge Mann das erfaßte, ergriff ihn maßlose Trauer und furchtbarer Schmerz. Er erstieg die Mauer und stürzte sich in die Tiefe, der Liebsten in den Tod folgend.

Das Mädchen fand im Totenreich keine Ruhe. Um Mitternacht ging sie oft am Stadtgraben um. Vom Thomaskloster bis zur Barfüßermühle waren die Liebespaare von ihren Seufzern immer wieder erschrocken. Das war auch noch so, als Stadtgraben und -mauer zur Promenade umgestaltet wurden. „Die Federsuse ist wieder da und will uns wohl necken", meinten die jungen Leute, wenn sie in zärtlicher Stimmung gestört wurden. Sie machten keine Witze mehr darüber, wenn sie von alten Leipzigern erfuhren, daß es da jemanden gegeben hatte, dem erfüllte Liebe nicht vergönnt worden war.

Heute hört man nichts mehr von der Federsuse.
Ob sie doch noch ihre Ruhe gefunden hat beim bis in den Tod getreuen Geliebten? Oder liegt's daran, daß heute für große und tiefe Gefühle kaum noch Platz ist?

Ein kleines (nicht ganz unpädagogisches) Nachwort

Nun kennen Sie, lieber Leser, auch unsere Leipziger Sagen.
Oder besser: Sie kennen deren Texte.
Was läßt doch Goethe seinen Faust erkennen? „Im Anfang
war die Tat."
Der Tat des Lesens sollte nun die des Aufsuchens der sagenum-
wobenen Orte folgen. Diese gibt es nämlich noch, wenn auch
hier und da etwas verändert.
Erst dann kann man wohl zu recht sagen: „Ich kenne auch das
***sagenhafte** Leipzig."*
Wenn man so herangeht, dann kann man vielleicht auch noch
in heutiger oft zu nüchterner Zeit den Chronisten Johann Jacob
Vogel von 1714 mit eigenen Worten nachfolgen, wenn er sagt:

„Edles Leipzig, diese Blätter sollen Dir gewidmet sein.
Du hast mir vor Jahren ein vergnügtes Leben geben.
Drum so soll auch dieses Buch Deinen Flor und langes Leben
Zum pflichtschuldigsten Andenken bei der Nachwelt graben
ein."

Jürgen Friedel